朱天衣的私房書單

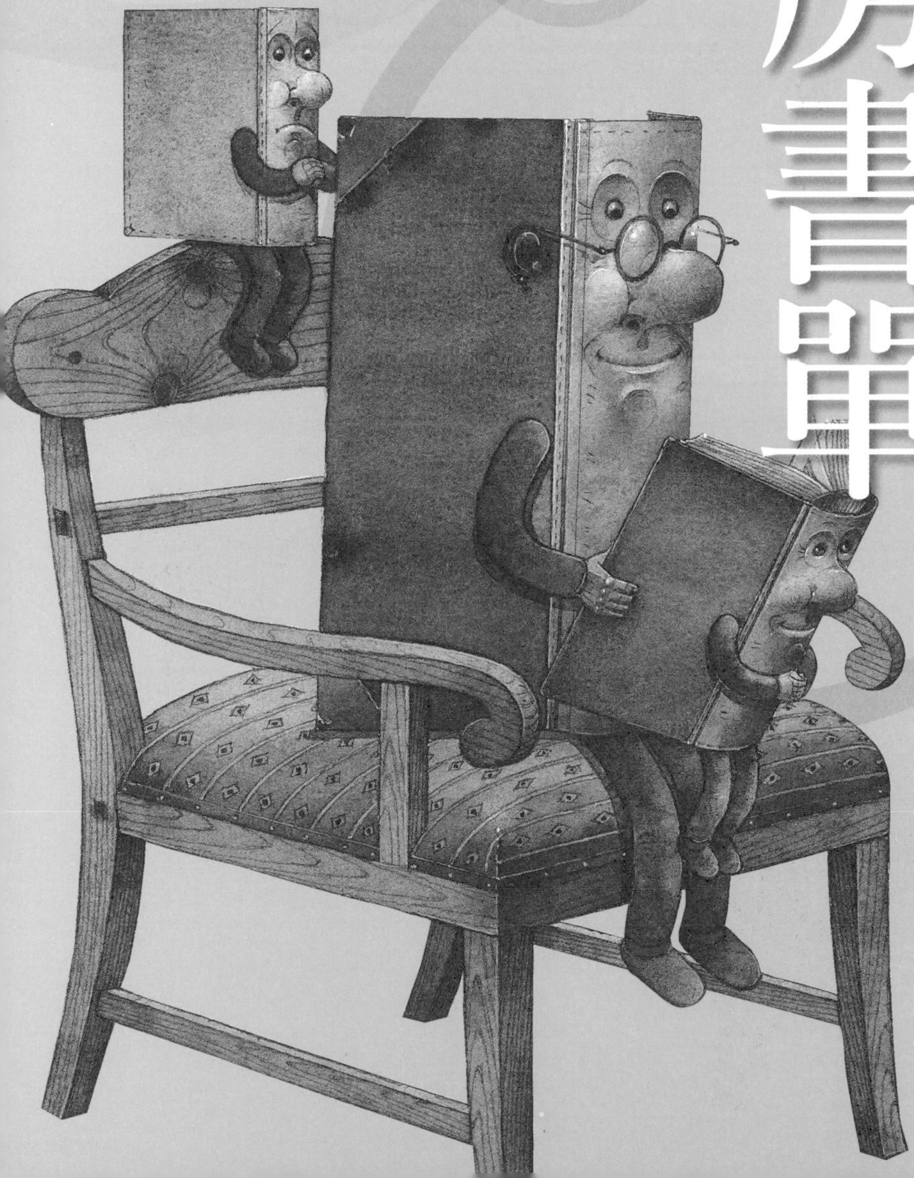

目錄

朱天衣的私房書單

前言

開出這份推薦書單，真有些野人獻曝的尷尬，我一直認為看書選書是極其個人私密的事，我所喜好的類書，不見得是別人讀得進的，就好比每個人所欣賞的美食都不盡相同，我視若瑰寶的野菜珍饈，也許在旁人口中並無絲毫意義，而所謂的山珍海味，於我也許像「豬八戒吃人蔘果」似的吃不出好還浪費食物，所以從古早每當有家長為孩子向我索取書單時，我總會克制自己別「己所欲一定要施於人」，寧可花更多的時間解釋「開卷有益」、尊重孩子的自主權……等說服對方，千萬要把這好快樂的選擇權交還給孩子，我真的認為從琳瑯滿目的書海中，挑選自己喜愛的書是人生少有的樂趣之一，就好似打開一家餐廳的菜單頓覺人生充滿了希望與喜樂一般，當然，也有部分的人會覺得選擇本就是件麻煩事，因而才會有「招牌菜」的出現，比之於書市，那就該是「暢銷書排行榜」了吧！面對甚麼都無所謂愛憎的人，我真想建議各家菜單上都列下一道菜，名之為「隨便」，所以若說我這份書單有任何意義，那麼就當是給

甚麼都可以、甚麼都「隨便」的人的一點參考吧！

我此次所列的書單雖是針對國小年齡層的孩子，但從七歲到十二歲其實落差是很大的，除了心智成熟與否，是不是有閱讀習慣也是造成這差距的主要關係，比如同樣是小五的孩子，也許有的連靜下心來讀一本簡單的繪本都辦不到，但有的孩子卻已能沉浸在金庸的世界而樂此不疲，所以這份書單只能大略取個公約數，對程度較高及還未有閱讀習慣的孩子來說，用處可能就不大了。

那麼針對還未有閱讀習慣及較稚齡的孩子要如何開始閱讀呢？我以為從繪本（文字多過圖畫的較妥）或孩子感興趣的類書著手都是可以的，不管是科學、傳記、歷史、小說……，甚麼都可以，只要孩子願意讀就可以了。

我仍要強調，這只是一份十分個人、私密的參考書單，千萬別強迫孩子依樣畫葫蘆的照單全收，也千萬別以此作為鑑別孩子閱讀能力的依據，那會失真，且完全失去我列這份書單的原意了。

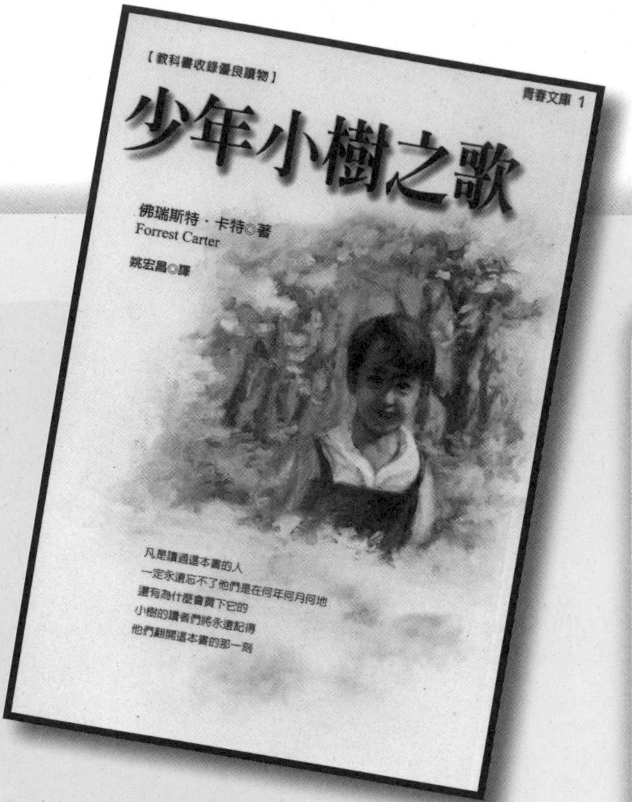
【教科書收錄優良讀物】
青春文庫 1
少年小樹之歌
佛瑞斯特・卡特◎著
Forrest Carter
姚宏昌◎譯
凡是讀過這本書的人
一定永遠忘不了他們是在何年何月何地
還有為什麼會買下它的
小樹的讀者們將永遠記得
他們翻開這本書的那一刻

少年小樹之歌

佛瑞斯特・卡特著／小知堂出版

《少年小樹之歌》是一本自傳體的小說。描述一位小時候和爺爺奶奶，在美國東部查拉幾山區生活的印地安少年故事。書中不僅生動描寫了三十年代經濟大蕭條時人們的生活狀況，還記錄了你我心中最普遍而深刻的人性軌跡。本書在美國前後暢銷量超過百萬冊，並榮獲一九九〇年第一屆美國圖書銷售協會年度最佳圖書獎（ABBY）。本書已售出電影版權。

如果只能推薦一本書，給讀小學的孩子閱讀，我想就會是《少年小樹之歌》這本書了，這近似自傳的故事，距離現在雖已年代久遠，但它所透露的訊息卻不受時空的限制，除了祖孫間的深情令人動容，也將印地安人安身立命於天地間的生活哲學，闡述得十分明白，透過這本書，能讓孩子們重新思索，該如何善待我們身處的環境、善待我們周遭的小生命。

故事中的小樹，是一個有著印地安血統的孩子，當他的父母相繼過世後，便跟著印地安祖父母住在深山裡，過著與大自然合而為一的生活，祖父母十分疼愛卻不寵溺他，以最自然的方式陪伴他成長，也讓他明白了天地萬物的自然法則，包括狩獵火雞時不貪心的只取自己所需的分量；包括每個人都有一棵屬於自己的樹，當有一天逝去時，便可埋葬在那棵樹下，讓自己化成養分回饋給那棵大樹，在睿智的祖父引導下，我們和小樹都一起親近了這個牛養我們的天地，也才明白最環保、最保育的就是那些幾乎已被淘汰的古老民族呀！

而在當時，正是白人世界以種族優越的心態強凌這古老民族最熾烈的時刻，小樹的祖父種種看似反社會的行為，其實不過是在堅持著印地安人傳統的習慣及既有的生活方式，但他仍節制的不將己見全然灌輸給小樹，他留給小樹選擇的權利，尤其是受教育的部分，即使有萬般不捨，但他仍讓自己的小孫子離開山區，到城市裡接受所謂的「文明教育」，而小樹最後仍是返回了山上，不只是因為思念爺爺、奶奶，更是因為看似文明的教育環境竟如此的保守、制式，他在很受了一番痛楚折磨後，於是選擇了逃回山上。

所以，這本書也讓我們稍稍明白了，當一個強勢的文明挾帶著船堅炮利兵臨城下時，許多優質的、淵遠流長的人類共通記憶便潰不成軍，但勝利的不見得就是好的，端看這麼幾十年來地球給糟蹋到甚麼地步，而人們也懂得回頭尋求古老精神遺產為救贖，便可知端倪了。

這本書裡有許多令人動容的情節，包括不可免的生離與死別，但作者書寫時十分地克制、不濫情，尤其寫到祖父母相繼過世時，彷彿像花開花謝般的自然，直到最後最後，看到已是青年的小樹，一人騎著馬、帶著垂垂老矣的狗狗往回行時，那分愴然才再也無法隱忍的潰堤淚下，這真的是一本動人且耐看的書，很適合成長中的孩子閱讀。

傑克・倫敦動物小說

野性的呼喚

台灣東方出版

阿拉斯加發現金礦後，許多狗被淘金人買去拉雪橇，巴克就是其中一隻。牠本是血統優良的狗，在陽光普照的南方、一位法官家裡過著舒適的日子；園丁為了清償賭債，偷偷將牠賣了，牠的生活因此起了變化。作者對牠冰天雪地中的艱苦生活、心理上的變化及牠與主人間的情感，都有非常深刻的描寫。本書被台北市政府評選為優良兒童讀物。

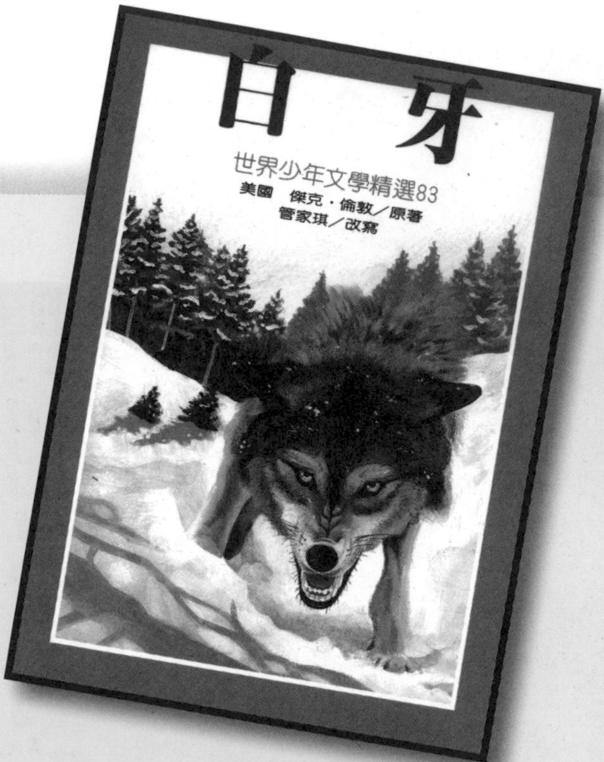

白牙

爸爸是野狼、媽媽是雪橇狗的白牙，童年時和媽媽在荒野度過。因巧遇媽媽以前的主人「灰鬍子」而來到印地安聚落，成了小小雪橇狗。酗酒的灰鬍子把白牙賣給賭徒史密斯，白牙從此變成職業鬥犬，過著凶殘的戰狼生涯。幸虧採礦家史考特的及時援救，才撫平牠的心靈創傷，並啟發了牠沉睡已久的善良本質。本書被台北市政府評選為優良兒童讀物。

《野性的呼喚》與《白牙》是傑克．倫敦的代表作品，這兩本書同樣的都在書寫人與動物之間深摯的感情，我們要是理解百年前人們對動物的謬誤（當時許多學者判定動物是沒有感情的），便會明白傑克．倫敦的作品在當時為甚麼能得到這麼熱烈的迴響，即使今天重新閱讀這兩本書，仍然會為他敏銳的觀察、細膩的描寫驚歎不已，孩子若靜得下心閱讀這兩本書，於寫作及視野的開拓都會有所助益的。

《野性的呼喚》與《白牙》同樣是描述受盡人類百般凌虐過的狗（狼），經過種種悽慘的遭遇，最後幸而遇到懂得付出關愛的人類，因此重拾了對人的信賴，但這兩個故事最後的結局卻很不一樣。「白牙」這體內絕大部分流著狼血的「狗兒」，被書中的主人翁馴養後，從阿拉斯加被帶回到美國本土，經過好一番適應，且演出了一場忠犬救主的戲碼、立了大功，才被文明世界的人及狗接納，從此安養終老，算是一個美滿的結局。

而《野性的呼喚》中「巴克」的際遇，則正好是倒過來的，牠原本是生活在文明世界中備受疼愛的家犬，但卻被人偷走運到阿拉斯加充當雪橇運輸犬，也是經過一番生死磨練，才漸漸適應了極地環境，並從野蠻的叢林法則中脫穎而出，成為一隻比狼還凶狠的角色，最後當牠摯愛的主人誤入禁地，被當地土著殺死後，牠以卓絕的獵殺手段為主人報了仇，再以高超的本領贏得了狼群的認同，從此斬斷了與人的糾葛，回歸原野與狼共舞；而「巴克」與牠的後代，至此也成為土著之間口耳相傳似神似魔的「妖狗」。

一般的評價，《野性的呼喚》更勝於《白牙》，我想除了和《白牙》最終太過迪士尼的圓滿大結局有關外，《野性的呼喚》後半段描述巴克掙扎於人的深情與原始野性的呼喚最是動人，奔流周身的原始血液告訴牠該奔向曠野，但與主人深摯的感情卻不停的又把牠拉回到營地，以至後來當牠發現主人及同伴遭到血洗，憤然展開另一場殺戮時，驚心動魄都不足以形容傑克．倫敦的描述，而最後、最後的章節，還有一段敘述，那便是事隔多年已然成為狼群首領的「巴克」，不時的還會回到牠主人逝去的山谷，對著灰冷的月色發出愁慘的哀嚎，我以為即使對動物無感的人，閱讀至此，也很難不為之動容吧！

看完這兩則故事，我們可以和孩子分享的是動物與人的情感，也可以站在動物的立場想想，「白牙」和「巴克」的結局，哪個才是最適宜的選擇？是以人為主，將動物圈養在身邊？還是給予牠們一些空間，讓牠們以自己的方式生存？像迪士尼在改編《白牙》為電影時，結局就變成了主人選擇留下來陪「白牙」終老阿拉斯加，這或許才是真正完美的結局吧！

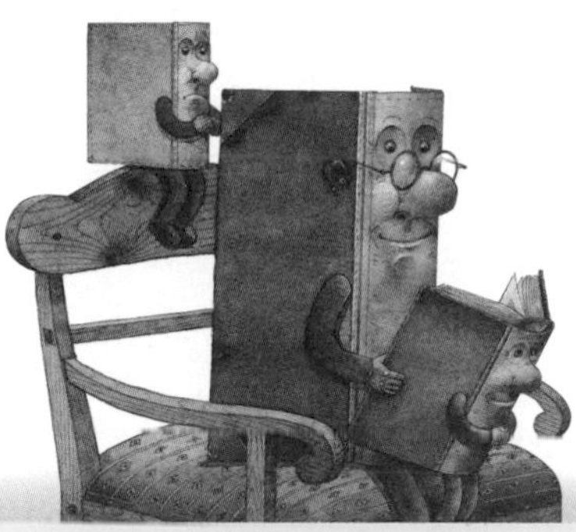

勞倫茲動物系列

所羅門王的指環

動物行為學大師勞倫茲，在奧地利艾頓堡的家就好比諾亞方舟，裡面住滿了各式各樣的動物，鸚鵡會把晾曬的衣物扣子統統啄下來，分類排成堆；戴帽猿撕開精裝書，一頁頁塞進水族箱裡；狗兒不勞主人吩咐，就狠狠地咬一口可厭的人的屁股……《所羅門王的指環》提供許多關於動物的新事實、新見解，還對我們習見的老現象、舊動作做了新的詮釋。本書風行全球半個世紀，是部老少咸宜的動物行為經典。

天下文化出版

當人遇見狗

人與狗最初的邂逅是如何發生的？《當人遇見狗》是一本狗行為學的舉世經典之作，全書從人與狗的相遇談起，對於狗的個性、習慣、訓練，乃至與人的微妙關係，勞倫茲博士無不巧妙地藉由他身邊的狗來現身說法，正確地還原了狗真正的面貌。從本書中無數個精采案例，你可以深刻、清晰地瞭解狗的行為模式以及狗的內心世界。

（本書由大樹文化出版）

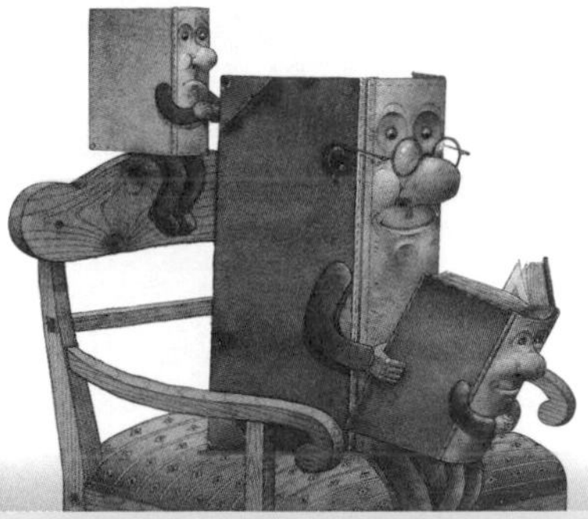

雁鵝與勞倫茲

勞倫茲日復一日、年復一年的觀察研究雁鵝，並將牠們一代又一代的生活史，以兼具科學記載及私人日誌的神妙文體記錄下來，撰成《雁鵝與勞倫茲》。踏進雁鵝的天地，不論是在多瑙河邊或阿姆湖畔，我們將驚訝地發現，這些鳥兒群性強得驚人，鳥類行為遠較一般人想像複雜多變，以及許多同樣出現在人類身上的問題。

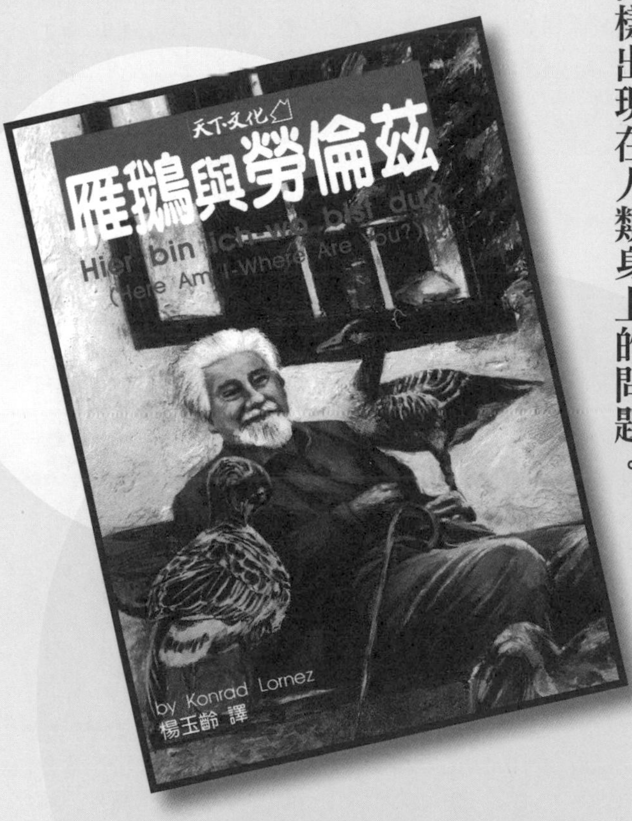

勞倫茲這位得過諾貝爾獎（一九七三年生理醫學獎）的動物行為學之父，曾著述過許多關於動物行為的書籍，其中又以《所羅門王的指環》最淺顯易懂。為甚麼取名為《所羅門王的指環》呢？因為相傳《聖經》故事中的所羅門王擁有一只魔戒，戴上它就可以和鳥獸言語溝通，而勞倫茲雖然不具備這樣的魔法，但他一樣能從生活周遭的鳥獸身上，明白一些美妙而真實的故事，他是怎麼辦到的呢？除了長時間近距離的觀察外，我覺得最重要的就是對這些生命的親與敬。

本來一個科學家在研究觀察時，最該講究的是客觀冷靜，講白一些就是不帶任何情感，我真的好慶幸勞倫茲並不是如此，因為資料性的數據固然可貴，但對生命滿懷敬意與同理心的他，卻帶我們走進了一個更豐美的動物世界，我想這正是現代孩子最欠缺的。

很幸運的，我也有一對十分容忍我的父母，自小便由著我把家當動物園，在那不滿二十坪大的眷舍裡，我把從山澗抓來的紫螃蟹養在大澡盆裡，鄰居家大掃除清出來肉乎乎的小老鼠、小蝙蝠安置在鞋盒子裡，樹下撿來的小松鼠、小鳥放在墊了厚厚衛生紙的小提籃裡，而溪溝裡撈來的臺灣鬥魚更是瓶瓶罐罐的放滿了客廳，烏龜、鱉、胸口有蝴蝶結的小鱔魚我也養過，至於那些比較「正常」的兔子和雞等，則是任牠們在院子裡自由奔竄，在此同時，家中還長駐著十來隻狗、十來隻貓，所以當我看到勞倫茲位於多瑙河畔的家園時，真有些似曾相識的感慨。

現代的生活環境已無法讓孩子們享受與動物為伴的童年生活，但紙上作業至少

可以彌補這一點缺憾吧！這是我推薦勞倫茲著作的心情。若孩子們看完《所羅門王的指環》仍意猶未盡的話，那麼另外兩本《當人遇見狗》及《雁鵝與勞倫茲》，也是可以繼續閱讀的。

若是把勞倫茲的著作當工具書看待，那麼他那簡單易懂的敘述很快的就可以讓孩子進入狀況，若能進一步將這些與動物互動的生動經驗藏在心底，那麼假以時日，孩子將會在自己周遭的同伴動物身上，也經驗一場又一場的親密接觸，不是一定要擁有「所羅門王的指環」才能具備與動物溝通的能力，勞倫茲告訴我們，只要心懷關愛，對生命多一份親與敬，那麼每個人都能與另類生命展開一場深情對話。

吉米・哈利大地系列

大地之歌

大地之頌

大地之戀

大地之愛

大地之聲

皇冠出版

一九三七年，吉米・哈利甫從獸醫學院畢業，在絕大多數的獸醫都面臨就業的困境時，他卻幸運地獲得了一個獸醫助手的工作。他滿懷感激與希望地來到英國北方的約克郡谷地，在這個風景優美怡人的鄉間，他認識了後來成為他妻子的海倫，多彩多姿的法西格、法屈生兄弟，以及許許多多令人難忘的人物與動物，當然，還有那些本不該發生在獸醫身上，卻偏偏發生在年輕的哈利身上的諸般遭遇。他溫馨幽默的寫下一系列趣味盎然的動物故事。

又是一套關於動物的書?!我也知道這樣的書單未免同質性太高了些，但這部由英國獸醫吉米．哈利所著的套書，真的是有趣極了，時不時拿出來翻閱，總能逗得人笑逐顏開，不推薦給孩子們看，實在是可惜。

這部暢銷全球的「大地」系列，之所以會受到如此熱烈的歡迎，我想和吉米．哈利幽默的文采有絕大的關係，其實以六、七十年前的時空背景來看，獸醫真的是一點也不輕鬆的行業，那時他們看診的對象絕大多數是經濟動物，其中又以大動物居多，像是牛呀！馬呀！或者羊和豬之類的，幫這些大型動物接生或看病，簡直就像是在打仗一般，而且出診時間往往都在午夜至凌晨的時分，若正好又遇到又濕又冷的冬夜，那麼套句吉米的話：「這簡直就不是人幹的工作！」但吉米卻樂此不疲，且一做就是五十餘年，直到他老到做不動退休為止。

是甚麼支撐他數十年如一日的苦幹下來？是英國北部風景優美的約克郡谷地？是心愛的妻子海倫？是他執業的夥伴法西格、法屈生兄弟？也許都有，但我想最主要的原因，還是和他那幽默文筆相得益彰的達觀性情有關，任誰看都是苦不堪言的差事，到他眼底、筆下，卻都有了不一樣的詮釋。

在他下鄉第一次為一隻「三汽缸」的乳牛疏通阻塞的乳頭時，有這麼一段描述：「我正在做的時候，說時遲，那時快，我突然坐在牛欄的另一頭猛喘氣，胸口清清楚楚的印著一個牛蹄印。這實在難為情，可是我毫無他法，只有像條上鉤的魚似的拚命張著嘴喘氣。牛主人把手蒙住嘴，他的教養正在跟他想笑的衝動交戰。

『小夥子，真對不住，我該早告訴你的，這條牛最友善，牠最愛跟人握手。』很顯然的他很欣賞他自己的幽默，剛說完就把頭靠在牛背上笑得喘不過氣來……」這，就是冷面笑匠吉米．哈利，被牛一蹄子踢得快氣絕了，卻還能寫出這樣一段令人捧腹的文字來，類此的敘述，在他一本本的著作中俯拾皆是。

透過吉米．哈利，我們看到了英國鄉間田野之美，我們認識了面冷心熱的農村人情，我們也感受到人與動物之間深切的感情，一樁樁真實的故事經由吉米風趣又深情的描述，躍然在我們的眼前，也無怪乎我所認識的許多獸醫朋友會告訴我，當初他們會決定走入這行業，全是受了吉米．哈利的影響。

當然我會推薦這套書，並不是希望為動保界多爭取幾位獸醫師，而是吉米的人生態度及流暢生動的文筆，真的很適合闔家共賞，但若因此多為臺灣造就出幾名仁心仁術的獸醫大人，也不枉我這番苦心推薦了，哈哈！

魔戒

托爾金著／聯經出版

《魔戒》是一部充滿矮人、精靈、騎士、巫師、半獸人、神仙等的奇幻探險故事。讀者所熟悉的飛龍、精靈、架空世界及國族歷史、魔法等等，全是受到它的影響，可說是奇幻魔法小說的鼻祖、善與惡的經典戰爭。故事由魔戒持有者佛羅多展開，他在不知情的狀況下繼承了一枚戒指，卻發現這枚戒指是魔王遲遲不能統治世界的關鍵。他也陷入了善惡雙方爭奪的處境中。幾經波折，他才得知必須攜帶魔戒深入魔王的領土，才能在末日火山摧毀這一切邪惡的根源。

哈利波特

J. K.羅琳著／皇冠出版

在世界的另一個角落裡，有一個神秘的國度，裡面住滿了巫師，貓頭鷹是他們的信差，飛天掃帚是交通工具，西洋棋子會思考，幽靈頑皮鬼滿天飛，畫像裡的人還會跑出來串門子。十一歲的哈利波特，從小被阿姨一家當成怪胎，經常得滿屋子躲避表哥達力的追打。他一直以為自己只是個平凡的小男孩，直到一封又一封神秘的信，將他帶入這個充滿神奇魔法的巫師世界。《哈利波特》全系列共有七本，是英國著名作家J. K.羅琳的系列魔幻文學小說作品。

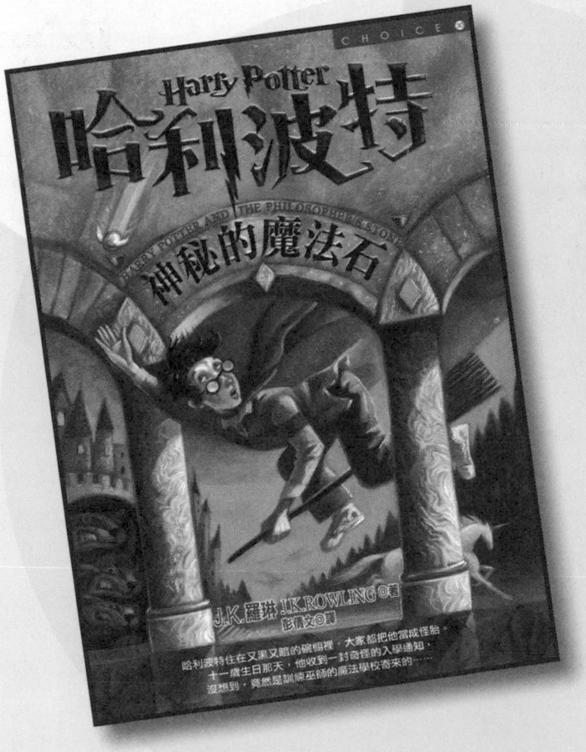

向達倫大冒險系列

向倫達著／皇冠出版

「向達倫大冒險系列」是愛爾蘭作家向達倫的系列小說作品，全系列共有十二本，以作者名字為命名的小男孩——向達倫的冒險故事為主軸。

向達倫得到怪奇馬戲團的門票，在馬戲團內看到怪異又令人毛骨悚然的表演後，陸續發生了詭異的事情，向達倫與好友史提·阿豹在命運的捉弄之下，使得向達倫與吸血鬼——鬼不理結下不解之緣，向達倫也在際遇下成為半個吸血鬼，此後兩人間展開一連串的冒險故事。

黃金羅盤

菲力普·普曼著／繆思出版

萊拉自幼父母雙亡，在牛津的約旦學院中由諸位學者撫養教育，但她沒有成為淑女，反而個性野蠻，說謊是家常便飯，常常蹺課到學院的屋頂或地窖探險，或者率領牛津街坊的玩伴與外來的吉普賽孩子打泥巴仗，儼然是個孩子王。這般無憂無慮的生活，在她偷偷潛入院長貴賓室後宣告終止——躲在衣櫥裡的她，目睹了一樁謀殺和一項駭人的禁忌知識。《黃金羅盤》為「黑暗元素三部曲」首部曲。

龍騎士

克里斯多夫·鮑里尼著／聯經出版

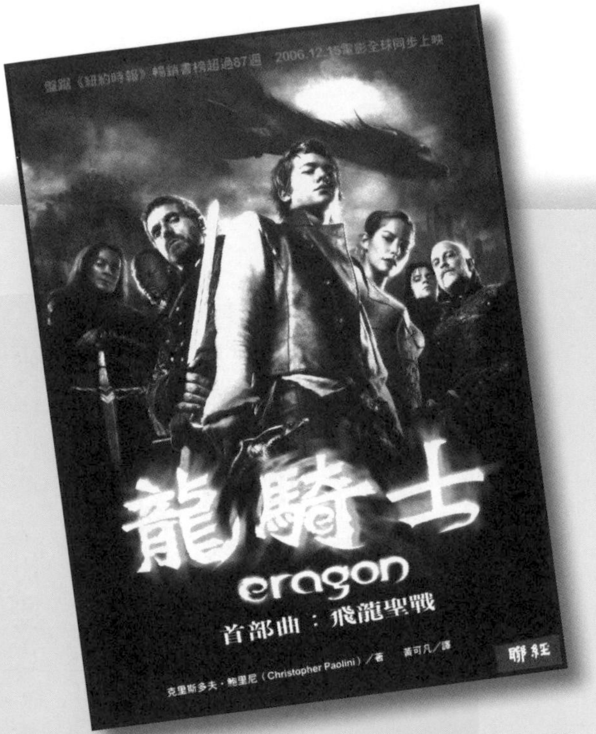

在充滿詭譎傳說的大山之中，狩獵少年艾瑞岡拾獲一顆藍色的奇石。誰也沒料到，這顆石頭竟孵出一隻藍色的飛龍！艾瑞岡秘密的養育小龍，命名為「思霏芮」，把她視為最親密的朋友。但是，「思霏芮」卻為艾瑞岡的親人惹來殺身之禍！悲痛的艾瑞岡為了復仇，於是接受命運之神交付的神聖任務，成為對抗邪惡的「龍騎士」，在智者布朗姆的協助之下，開始習魔法、劍術、古語，踏上艱辛的復仇之旅。

終於要來談一談近幾年來火紅到不行的魔幻系列作品了，其中當然又以《哈利波特》最受歡迎，本來是不需要再錦上添花的為它打廣告，但還是想借此機會來談一談《哈利波特》現象，及它所引起的魔幻風潮。

當然很多人對《哈利波特》是嗤之以鼻的，老實說我也是其中一名，光是看到每次新書出版時，必得要上演的全世界同步發行，以至早一分鐘送出書的郵差險些兒丟飯碗的事，便覺得真是夠了，我便碰過類似的事，在第七集首賣日，正好便利商店架上有陳列，我便揀了一套，並結了帳，好在買了後人沒走遠，隔一會兒便看到店員慌慌張張的找了來，抱歉再三的向我索回發票，說是他們早賣給我了一分鐘，若追究起來是很麻煩的，唉！噱頭玩到這地步真有些無聊了。

類此的促銷花招，實在令人不敢恭維，像是每次出書之前，還要先預告這一集會死幾個人，死的是主要人物，還是壞蛋，至於周邊商品的促銷更是到了氾濫的程度，光是電影拍攝過程大書特書的報導，便令人想不看也難。唉！說到這兒，同行相輕的酸意似乎越來越重了，就此打住吧！

撇開這些商業行為不說，《哈利波特》對閱讀這件事還是有貢獻的，至少有很多原本不看書的小孩及大人，願意接近書本了，而且一看就是七套、上百萬的字數，不管原始目的是真的想看，或者怕在同儕間向隅，都沒關係，若因此培養出個閱讀習慣，也算是功德無量了。

若把《哈利波特》當作魔幻入門書，那麼接下來的《向達倫大冒險》系列、

《魔戒》、《黃金羅盤》系列以及《龍騎士》等，也是可以繼續閱讀的選擇，尤其搭配了電影的助陣，相信更能得到孩子的青睞。我自己倒是滿喜歡《夜巡者》吸血鬼系列，只是對較小的孩子來說，其中探討是非善惡，黑暗與光明的矛盾，可能就顯艱澀了些。所以，只要孩子願意閱讀這些奇幻魔法世界的書籍，別太擔心，就讓他們讀吧！至少閱讀這件事，是百利無一害的。

小淘氣尼古拉回來了

勒內・戈西尼著／桑貝繪圖／網路與書出版

小淘氣尼古拉回來了！經過漫長的暑假，曬得黑黑的尼古拉迫不及待要與學校的伙伴們——亞三、喬方、科豆、若奇、麥星星……見面，一起上課，一起到荒地上遊玩組成無敵英雄幫！爸爸和媽媽去了旅行，尼古拉第一次要在學校吃午餐的滋味到底是怎麼樣的呢？新來的家教和校監沸湯，又會如何被尼古拉和他的同學們氣炸呢？……

早在三十年前的《國語日報》，就曾登載過小淘氣尼古拉系列的故事，作者勒內・戈西尼於一九二六年出生於巴黎，他的國小與中學教育卻是在阿根廷的法國學校完成的，直到一九五〇年初回到法國後，在一九五九至一九六五年間與漫畫家桑貝共同創造出小尼古拉和他的朋友亞三、歐多、科豆、魯飛等，以及環繞著這群小蘿蔔頭的一些大人，包括他們的父母、老師及鄰居們，而所有故事發生的背景則是在法國。

會花這麼多的文字介紹這系列書的作者及背景，主要是想凸顯在時空上，它其實距離我們是很遙遠的；故事中的人物生活在地球的另一方，且距今已超過五十年，這應該是老掉牙又與我們毫不相關的故事，但它為甚麼能穿越時空、毫無間然地與我們相會，且時不時的引我們發噱，甚或暴笑不已，我想最主要的原因是——每個人都曾有過童年。

當我在閱讀這本書的時候，真的很訝然於不同國度、不同世代的人的童年竟如此相仿，除了尼古拉比較愛以哭要脅父母外（在我們小時候這只會換來一頓好打），其他的情節真的會一下子就把人拉回到那以為已遺失的童年，包括和同伴們結盟、好認真的定下一大堆的規矩，到最後卻被困在那一堆規則中，完全忘了當初結黨結派是要做甚麼；還有，記不記得玩伴中那個像亞三的好吃鬼？還有那個令你又愛又怕（端看他和你同不同國）像歐多動不動就打人的恐怖分子？而那個像小喬方有錢又漂亮的小公子，是不是至今想起來仍讓你又妒又羨呢？你會好驚訝戈西尼

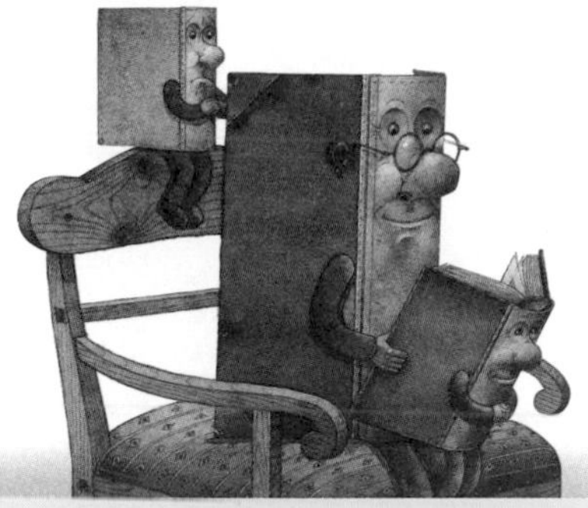

筆下的人物怎麼和自己兒時的玩伴如此雷同。

我們常說，學校也好、社區也好，就像是社會的縮影，是孩子學習人際關係最好的場域，儘管尼古拉的故事看似與我們有段距離，但那亂中有序的童稚世界，不僅可勾起我們這些做父母的童年回憶，也可以讓孩子們在愉快的閱讀中，檢視一下自己在同伴間扮演的是甚麼樣的角色，這也許是意想之外的收穫呦！

附帶要提的是，我好喜歡桑貝的插畫，若能一幅一幅仔細欣賞，你會看到畫中每個小小人都有不同的造型、不同的表情，完全把戈西尼筆下的那群小天使、小魔鬼表露無遺。

佐賀的超級阿嬤

島田洋七著／先覺出版

八歲那年，昭廣從廣島來到佐賀鄉下的阿嬤家，迎接他的，是一間破爛的茅屋，以及曾經帶著七個子女辛苦熬過艱困歲月的超級阿嬤。雖然日子窮到不行，但是樂天知命的阿嬤總有神奇而層出不窮的生活絕招，在物質匱乏的歲月裡豐富了昭廣的心靈，讓家裡也隨時洋溢著笑聲與溫暖。

窗邊的小荳荳

黑柳徹子著／安妮斯頓出版

《窗邊的小荳荳》紀錄可愛純真的小荳荳，進入巴氏校園後所引起的種種生活、教育問題，值得每個父母、教育人士與社會大眾關心瞭解。在日本推出後不久，即寫下六百萬冊以上的暢銷紀錄！引起所有的評論家與讀者一陣大騷動，朝日新聞更以「小荳荳的併發症」為題，探討本書所帶來一連串的震撼與影響。

東京鐵塔

Lily Franky著／時報出版

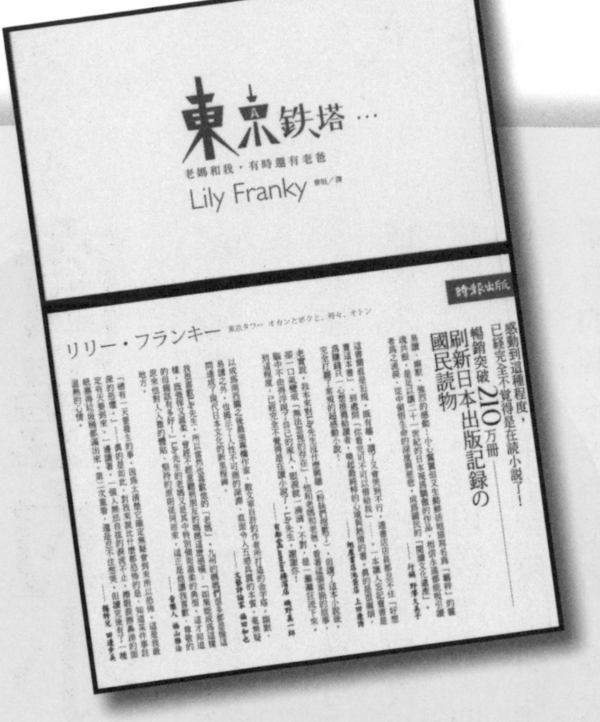

從來不會叫我唸書的老媽；不曾對成績單發表甚麼意見的老媽；只有我一個人吃飯，也會做好幾道菜的老媽；為了讓我早上可以吃到好吃的醃醬菜，總是定好鬧鐘半夜起床攪拌米糠的老媽……這本以「母愛」為主題的自傳小說，從小時三歲前與父親、母親一家三口共住的記憶，一直寫到母親罹患癌症至過世，用點點滴滴的生活記錄側寫母親對兒子無盡的愛與關懷。

近年來臺灣書市也出現了不少日本翻譯的作品，像是適合中學、大學生閱讀的「村上春樹」，雖然他的文章有些晦澀，但他那帶有異國風情（對日本人來說亦是如此）的筆調，實在是很受到年輕學子的歡迎，也間接影響到許多新世代創作者的書寫風格，像幾位當紅網路作家的作品，就很明顯地看得出有「村上春樹」的影子。

然而要真正碰觸日本本土風情又適合孩子閱讀的作品，可能就屬《佐賀的超級阿嬤》、《窗邊的小荳荳》及《東京鐵塔》了，很巧合的是這三位作者都出身於日本的藝能界，《佐賀的超級阿嬤》作者島田洋七是一位相聲達人；《窗邊的小荳荳》的作者黑柳徹子是名主持人，在日本藝能界的地位猶如臺灣大姐大張小燕；而《東京鐵塔》的作者Lily Franky則是一個演員，也是詞曲作家，他們在長大成人、甚至事業有成後，不約而同的回溯起童年或甘或苦的生涯，是泡沫經濟衝擊？抑或是人們思古溯源的本性使然？我們也許無法確知，但這些書在日本人氣之旺、銷售之佳卻是不爭的事實。

像父親早逝的島田，被母親送到鄉下讓阿嬤照顧，面對窮到不行的日子，阿嬤自有她一套應對哲學，包括「有錢人很可憐耶，要去旅行、吃壽司大餐、訂做新衣，忙死了。」面對被人丟棄、賣相不佳的蔬果則說：「尾端岔開的蘿蔔，切塊煮起來味道都一樣。彎曲的小黃瓜，切絲用鹽巴拌過後味道也相同。」而當島田考試成績不盡理想未能達滿分五分時，阿嬤也笑著安慰他成績單上只要不是○就好，每科1啊 2啊的加在一起，就有五分啦！至於英語老考不好，阿嬤便建議他在答案紙上寫「我是日本人」，島田說：「可是，我也不太會寫漢字。」阿嬤說：「那你就寫『我可以靠平假名和片假名活下去』。」島田繼續抱怨說：「我也討厭歷史。」阿嬤便說：「那就在答案紙上寫『我不拘泥於過去』。」哈！哈！面對這樣的超級阿嬤，想不樂觀也難呀！後來島田之所以能成為相聲大師，為大家帶來歡笑便不足為奇了。

而來自問題家庭的Franky，有著學習障礙的徹子，他們都和島田一樣，擁有一段並不平靜的成長歲月，但他們在親人或長者的協助下，一一都走出了那段惶惑青澀的日子，若把這些作品歸類為勵志叢書也不為過。

但我其實更喜歡看的是這些成長故事的背景環境描述，日本距離我們不遠，且幾乎是和我們同文同種（去那兒自助旅行真是暢行無阻），看到這些書寫，我總會忍不住嘆息：「喔！他們也是這樣長大的。」所以，若親子一起共賞這些文章時，不妨也可以和孩子分享自己成長中有意思的片段，也許你也有個超級阿嬤，或曾像徹子小時候狀況一大堆、像Franky一樣曾頹唐消沉過，對這些糗事別羞於啟齒呀！這樣的談話不僅不會減損偉大父母的形象，反而更能贏得孩子崇拜的目光呦！端看這幾本書的賣座狀況，便知我所言不假。

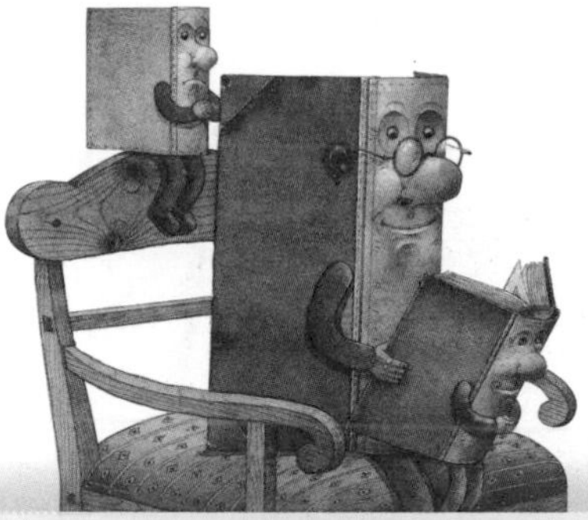

張曼娟奇幻學堂

我家有個風火輪
火裡來，水裡去
花開了
看我七十二變

天下雜誌出版

作者挑選了四個不同風格的奇幻故事，從唐代的〈杜子春〉、明代的《封神演義》、《西遊記》到清代的《鏡花緣》，各挑出一個主要人物，成為奇幻冒險故事的主角，重新改寫，讓孩子在閱讀的時候，完全忘記他們讀的是幾百年或千年以上的老故事。

張曼娟編寫的這套「奇幻學堂」，其中包括了《我家有個風火輪》、《火裡來，水裡去》、《花開了》、《看我七十二變》，分別改編自中國的經典小說《封神演義》、《唐傳奇》、《鏡花緣》、《西遊記》，她各在故事中挑選了一位人物，重新雕塑，並增加新的素材，甚至多添了想像的情節，使故事更貼近孩子的心靈，我以為這套書是目前我所看過最好的「兒童版」的經典章回。

過往在坊間書肆翻閱所謂專為孩子改編的經典名著，我覺得只有慘不忍睹可形容，也許有人以為把所謂的「文言文」翻成個大白話就適合孩子閱讀了，我以為那只是把章回小說中最精采的「說書」給摘除了，剩下的便是無滋無味的空架子，讀起來既無趣也無益。

與其如此，不如抽取精采片段，或挑選其中特有意思、特具代表性的人物，加些自己的創意，讓這些傳奇人物更活靈活現的躍入孩子的腦海中，這樣才真的是在說故事，才能喚醒孩子天馬行空的想像力。張

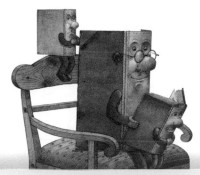

曼娟便在《我家有個風火輪》中，為哪吒安插了個小姐姐花蕊兒，她的身形巧小，但卻是整個故事的靈魂人物，當哪吒被火焚燒幾近魂飛魄散時，就是這小姐姐背著他越過千山萬水、歷盡千辛萬苦找到太乙真人，用蓮花化成肉身才重返人間的，爾後透過花蕊兒的眼，我們看到了一場驚心動魄卻以愛化解了的父子大戰，這似乎比原來哪吒被父親李靖用玲瓏寶塔收服，不得不苦苦哀求認輸才和解了的情節要來得動人。

　　而在《看我七十二變》中，張曼娟又為唐三藏、孫悟空創造了一段前世因緣，在前一世他們原是一對兄弟，因為做兄長的孫悟空一直誤解弟弟的善意，最後還害弟弟賠上了性命，因此在取經的途中，已然明白前因後果的孫悟空，總能不棄不離的守候著有時有些神經質又多疑的唐三藏，最後終得圓滿達成任務歸來。張曼娟添加如此一段因果，倒真的使故事更合理了，不然以孫悟空的好本領外加暴躁脾氣，又如何肯屈從於領導能力不太高明的唐三藏呢？所以我以為，這些增添的部分，倒是使原來的故事更生動有意思了。

也許有人會質疑，怎麼可以擅改這些經典章節!?我們回頭想想，不管是《西遊記》或《三國演義》和原來的史實相差多遠？孫悟空、豬八戒、沙悟淨真有其人嗎？而曹操又像羅貫中筆下描寫得如此不堪嗎？而《白蛇傳》在民間流傳的版本便有好幾種，真可說是「一個中國，各自表述」，如此的百花齊放才真的是民間創作力的展現。

所以與其讓孩子看那些無趣也無益的「白話簡略」版，不如就讓張曼娟以另一種說故事的方式，帶孩子先跨進古典章回小說的門檻吧！

侯文詠作品

頑皮故事集

健行出版

侯文詠第一部也是最受歡迎的童年散文集。每個人的血液裡都潛藏著「頑皮」屬性的細胞，時不時要閃出來搗蛋，或者無傷大雅地惡作劇一番。《頑皮故事集》是透過頑童眼光所呈現出來溫馨、活潑、風趣、動人的世界，篇篇令人捧腹大笑、拍案叫絕。不僅可以找回童年的回憶，同時也是為了正在變笨變乖的大朋友開出來提神醒腦的一帖清涼劑。

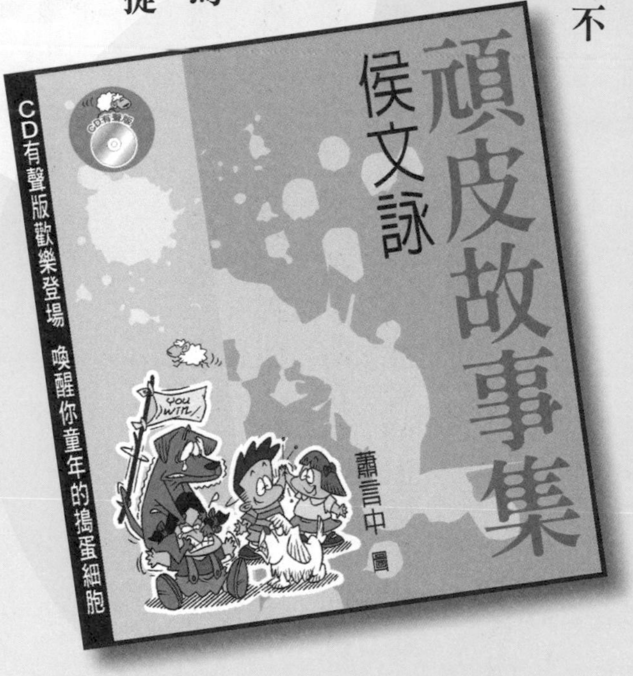

淘氣故事集

皇冠出版

我家有個吵架沒輸過的阿嬤、永遠第一名的爸爸、殺價百戰百勝的媽媽，以及動不動就為正義告狀的妹妹……侯文詠最經典、最爆笑的童年故事！在笑料不斷、處處驚奇的情節中，透露出孩子的真誠與對大人世界的反叛，讓人彷彿回到無憂的溫馨年代，跟著童年時期的侯文詠開懷大笑！

天作不合

皇冠出版

我覺得老天一定故意和人作對，否則，為甚麼我們喜歡一直吃，老天就懲罰我們變胖，一直玩，就成績變差。爸爸愛看漂亮女生，老天就懲罰他沒好下場……反正甚麼小事在我家都可能會莫名奇妙的釀成巨災。

如果「天作之合」是全家相親相愛、恆久忍耐的完美組合，那，我家應該是吵鬧版的「另類麻吉」吧！至於，到底「合」還是「不合」？可能你看完書，還是和我一樣搞不清楚……

侯文詠
天作不合
我覺得老天一定故意和人作對，否則，為什麼我們喜歡一直吃，
老天就懲罰我們變胖；一直玩，就成績變差。
爸爸愛看漂亮女生，老天就懲罰他沒好下場……
march made in hell

大醫院小醫師

皇冠出版

《大醫院小醫師》是侯文詠當實習醫師時代的故事，像是把X光片貼反，以致把左腳的石膏裹上了右腳！量不到病人的血壓，尖叫著急救，結果發現他早就死了！還有遇上哀求醫生砍腿的怪夫妻、幫篤信上帝的媽媽買血……他把初出茅廬的菜鳥醫生所面臨的種種狀況，寫得淋漓盡致、笑中含淚，也讓我們得以看到一幕幕只有在醫院裡才會發生的荒謬劇、溫馨情，並一窺醫療體系奇形怪狀的真實面目！

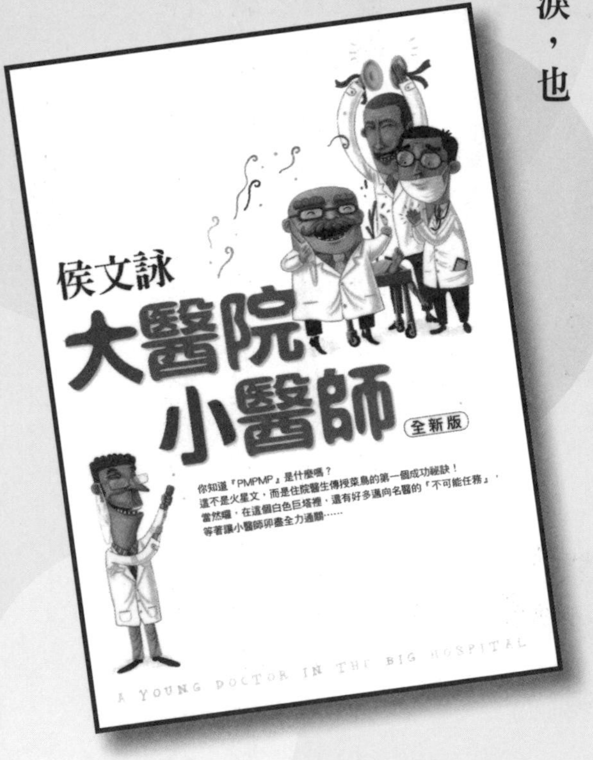
侯文詠
大醫院小醫師
全新版
你知道『PMPMP』是什麼嗎？
這不是火星文，而是住院醫生傳授菜鳥的第一個成功秘訣！
當然囉，在這個白色巨塔裡，還有好多邁向名醫的『不可能任務』，
等著讓小醫師卯盡全力通關……
A YOUNG DOCTOR IN THE BIG HOSPITAL

侯文詠的作品有很多是適合闔家共賞的，這沒有任何貶抑的意思，本來他的《頑皮故事集》、《淘氣故事集》、《天作不合》應該就是設定給孩子們看的，這當然會讓人忍不住拿張大春的《野孩子》、《少年大頭春的生活週記》、《我妹妹》來比擬，我個人喜歡的是後者更辛辣的書寫方式，只是兒童不宜，所以只好選擇推薦比較輕鬆、乾淨的前者了。

當然一開始看侯文詠的文章，會覺得是不是太好看了些，像他的《大醫院小醫師》便老少咸宜，幾乎是要甚麼有甚麼，十分的健康寫實，幽默的筆法、難得的醫師背景資歷，不想成為暢銷作家也難呀！哈、哈！是不是嗅到了一點酸酸的味道了？爾後的一本書卻讓我對侯文詠有了不一樣的看法，它不是《白色巨塔》，也不是《危險心靈》，而是他二〇〇二年寫的《我的天才夢》，這本有些自傳體式的散文，記錄了他由小至今的成長過程及心路歷程，包括小學時代便已自行編寫出刊三期《兒童天地》了，包括在成長歲月中放棄自己所喜歡的寫作而投入行醫的行列，以至後來成為暢銷作家仍不滿足，而選擇孤注一擲的投入寫作成為一位專職作家，其中生命轉折處的低迴、困頓，侯文詠毫不掩飾的透露出來，這讓人感受到他的真誠與努力，因此重新回頭讀他的舊作，也就有了不一樣的感受。

最近又讀了他的新作《靈魂擁抱》，也是一部很好看的小說，裡面的元素很多，比之過往的作品層次又複雜許多，看得出來是投注了很大的心力書寫完成的，以大眾讀物來說已是難能可貴的作品，但若有一天，侯文詠在寫作之路還想作一番調整轉換時，或許可以考慮放空，把肩上一些東西放下，把心心念念的讀者放下，放懷去書寫，如《我的天才夢》最後所言，穿越時空、超越生命中的侷限去書寫，就當是個冒險也好，沒有人規定作家的每件作品都該獲得所有人的認可的，這是我對努力、真誠的侯文詠的一點點個人建議。

我在一開始曾說過，侯文詠的作品很適合闔家共賞，所以不妨在親子共讀時，讓孩子閱讀《頑皮故事集》、《淘氣故事集》、《天作不合》及《大醫院小醫師》，而父母或可就在一旁欣賞侯文詠的《誰在遠方哭泣》、《白色巨塔》、《靈魂擁抱》……等其他作品，相信這也會是一種很奇特的閱讀經驗呦！

三毛作品

撒哈拉沙漠

皇冠出版

三毛作品中最膾炙人口的《撒哈拉的故事》，由十二篇精采動人的散文結合而成，其中〈沙漠中的飯店〉，是三毛與西班牙籍的丈夫荷西定居西屬撒哈拉、適應荒涼單調的沙漠生活後，重新拾筆的第一篇文字，自此之後，三毛便寫出一系列以沙漠為背景的故事，風靡了全世界的中文讀者。

哭泣的駱駝

在本書中，三毛依然戀戀著墨沙漠生活周遭的人與事，〈收魂記〉、〈搭車客〉、〈消遙七島遊〉、〈一個陌生人的死〉、〈大鬍子與我〉等篇，意趣盎然；〈沙巴軍曹〉與〈啞奴〉所刻劃的主角印象，令人難以磨滅。壓軸的〈哭泣的駱駝〉，以游擊戰事為背景，細細鋪寫一對沙漠情鴛的生死盟，竟有如史詩般的磅礡。

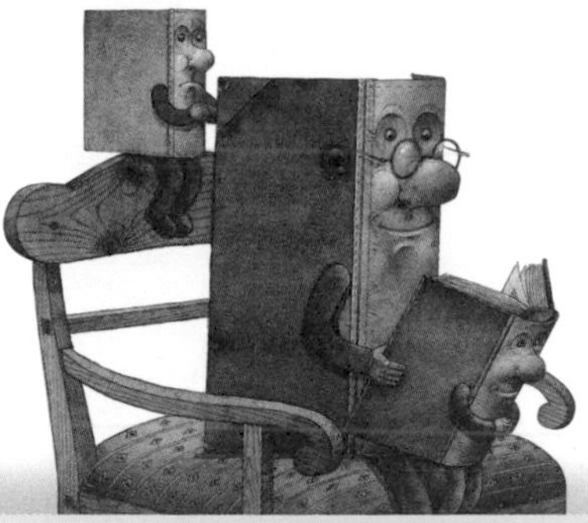

稻草人手記

生命跟人惡作劇，它騙人化進故事去活，它用種種的情節引誘著人熱烈的投入。人，先被故事捉進去了，然後，那個守麥田的稻草人，就上當又上當的講了又講。

提到三毛，每個和我年齡相仿的父母，一定都不會覺得陌生，當年她會受到如此歡迎，當然和那時臺灣較為封閉，旅遊風氣還不那麼盛行有關，但如今我們回頭來看，會發現在那麼多旅遊敘事的文章中，她的作品仍是獨樹一幟，她除了經歷豐富，而且有她獨特看待人世的視角，因此總能吸引讀者的目光。

三毛真的是一個很會說故事的人，因此她的文章很容易入門，即使是稚齡的孩子，只要識得字了，翻開她的書，通常都會欲罷不能。而在她眾多的作品中，我會比較推薦早期的著作，因為未經人世大慟的她，每一篇作品都飽滿暢旺，充滿朝氣，像是收錄在《撒哈拉的故事》中的〈素人漁夫〉、〈沙漠中的飯店〉、〈白手成家〉、〈芳鄰〉等都饒富趣味；而《稻草人手記》中的〈守望天使〉、〈這樣的人生〉、〈賣花女〉、〈巨人〉等也都是極有意思的文章；比較之下《哭泣的駱駝》、《溫柔的夜》雖然有些沉重，但透過三毛的雙眼、透過她的敘述，可以讓孩子們進入到另外一個我們並不太熟悉的世界。

三毛的〈沙漠中的飯店〉就是一篇極有趣的小品，這篇文章若沒記錯，原名應該是〈中國飯店〉，她的丈夫荷西是西班牙人，這段故事是寫在他們新婚燕爾時期，三毛利用母親從臺灣寄去的乾貨，扮家家酒似的煮出一道道美食佳餚，不僅餵飽了荷西的胃，也讓這洋鬼子老公大開眼界，比如用來做壽司捲飯的海苔，便被荷西誤以為是藍色複寫紙，而又叫春雨的冬粉則被誤認為是釣魚的尼龍線，三毛不僅拿來煮湯，還炸了做成「螞蟻上樹」這道名菜，在荷西苦苦追問這怪異的食材究竟

為何物時，三毛告訴他這是高山頂上春天下的第一場細雨，給低寒的空氣凍得凝結成絲狀，原住民同胞採擷了來運到山下販售的「春雨」，荷西似信似疑，至此時不時的向三毛討「雨」來吃；類此富想像力又生活化的描述，是很能帶給閱讀者極大的樂趣。

而她所寫的〈芳鄰〉、〈白手成家〉、〈沙漠觀浴記〉、〈懸壺濟世〉則好似為我們打開了一扇窗，讓我們不必遠行，也能體會遙遠國度的人們是如何在沙漠中生活，這不同於資訊的傳遞，因為三毛身歷其境於其間，並以生動的筆法帶我們走入了伊斯蘭世界，她真的就好似那會說故事的皇后，引領我們進入《一千零一夜》的神祕國度。

所以藉著三毛的雙眼，我們能隨著她走遍千山萬水，而透過她的人生哲學，也能讓孩子理解多樣生活態度的可能，這也是一種另類的閱讀經驗呦！

中國章回小說

三國演義

羅貫中著／聯經出版

中國古典「四大奇書」中，最深入民心的經典巨著。描寫三國時代戰爭英雄的風雲際會與鬥爭；其間穿插精采的戰爭場面，以及人物間的勾心鬥角，大忠大義、大奸大惡，為中國最有名的歷史演義小說。曹操、劉備、孫權、諸葛亮、關羽、張飛、趙雲、周瑜……，以及「桃園三結義」、「三英戰呂布」、「草船借箭」、「孔明借東風」、「火燒赤壁」、「關公五關斬六將」、「空城計」等等，都是大家耳熟能詳的故事與人物。

隋唐演義

褚人穫著／三民出版

本書是一部頗受讀者喜愛的通俗長篇歷史小說，描寫自隋文帝滅陳到唐玄宗自蜀道歸京，這一波瀾壯闊的歷史時期的英雄故事，著重突出「草澤英雄」的俠義精神，隋煬帝的淫蕩故事、唐玄宗與楊貴妃的愛情糾葛，揭露出封建帝王宮廷穢史、酒色荒政所招致的嚴重後果。

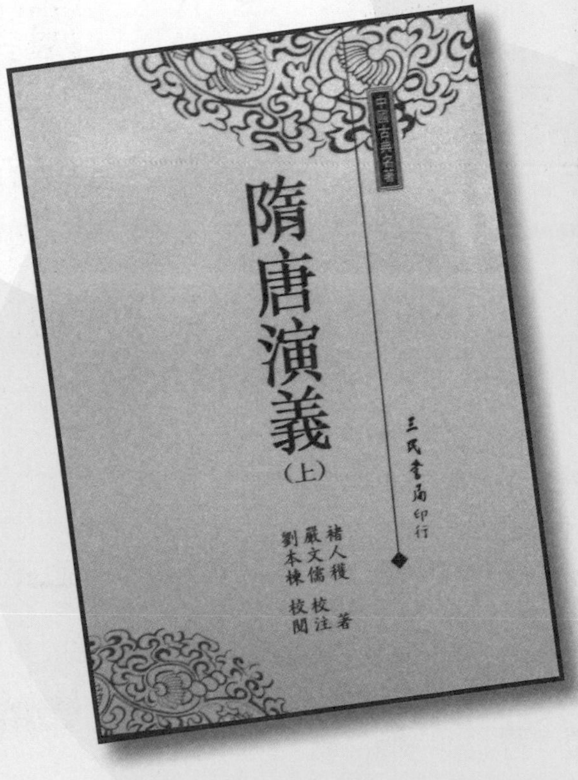

西遊記

吳承恩著／聯經出版

中國四大奇書之一，以唐代高僧玄奘前往印度取經的故事為線索，以神猴孫悟空為中心人物，創造了一個五光十色的神話世界。

記得我第一次進入中國古典章回小說的世界，是在國小五年級的時候，那時寄住在外婆家，實在是因為無聊到發慌了，才會撿起一本舅舅閒置的《三國演義》來翻閱，好幸運的，一翻就給我翻到赤壁之戰的章節，便無法自拔的栽進了三國的世界，看完了赤壁之戰，我又東翻西跳的，只撿我感興趣的部分閱讀，那個暑假及往後數年間，我便是這麼把玩《三國演義》、《紅樓夢》、《西遊記》的，直到升工專的那個暑假，我才從頭到尾的把這幾本章回小說給看完。

我自己讀《紅樓夢》的經驗是如此的，第一遍看《紅樓夢》正是情竇初開時，當然注意力全都集中在寶玉、黛玉、寶釵身上，爾後感情之路稍不順遂，便想學黛玉絕食自戕，使得本就多愁善感的年輕歲月更是雪上加霜，這也是我並不太鼓勵女兒及學生太早閱讀這部經典的緣故；後來年歲漸長再翻閱《紅樓夢》，便發現其間的人情世故更吸引我的目光，王熙鳳、探春的持家風格是如何的不同，而晴雯、鴛鴦、平兒、紫娟、襲人眾丫環或早夭或修成正果更是令人唏噓不已；到如今這般年紀再翻看《紅樓夢》時，則有些像在看中國捲軸畫，翻到哪兒便看到哪兒，即便是結社吟詩、衣食講究也讓人看得有滋有味，處處都值得玩味再三，真是讀它千遍也不厭倦。

中國所有的章回小說多不勝數，每個人所喜歡的也不盡相同，有的人喜歡《水滸傳》、《西遊記》、《封神榜》，我則是除了《紅樓夢》之外，《三國演義》及《隋唐演義》至今仍是我時不時會回頭翻看的書籍，其中尤以《隋唐演義》中李世民的打天下，秦瓊、竇建德、單雄信、程咬金等英雄的豪氣干雲最深得我心，每每掩卷時都令我有「大丈夫當如是爾」之慨。

隨著年齡增長，我發現每次重讀中國章回小說，都是越讀越有滋味，這就是它的魅力所在，我相信即便到了七老八十再拿出這些老書來作伴，一樣會有不同的況味點滴在心頭。

所以我的建議是，孩子不論多大，都可以進入中國古典章回小說的世界，但最好初接觸，便直接讀原汁原味的原版章回，有閱讀習慣的從頭讀起，沒耐心的像我小時候跳著看也可以，中國章回小說是看一輩子的，一時之間讀不全，真的沒關係，來日方長呀！

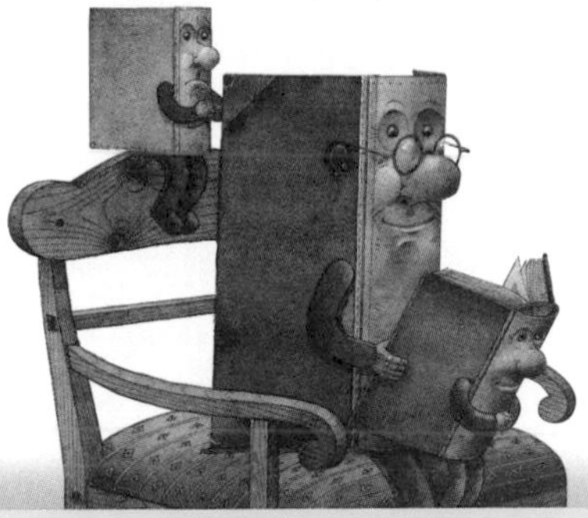

金庸的武俠世界

書劍恩仇錄

遠流出版

《書劍恩仇錄》雖是金庸的第一部作品，但已經光芒萬丈。本書是「群戲」，主角是「紅花會」，而不是一個人或兩個人。紅花會一共有十四個「當家」，其中有幾名相當突出，活龍活現，令人激賞！《書劍恩仇錄》採用了「乾隆是漢人」的傳說，借乾隆這個人物，寫出了既得權力和民族仇恨之間的矛盾，在表達這一點意念上，獲得成功。

射鵰英雄傳

《射鵰英雄傳》最成功之處，是在人物的創造，所有精采的部分，全來自所創造出來的、活龍活現、無時無刻不在讀者眼前跳躍的人物，如眾所周知的郭靖、黃蓉。《射鵰英雄傳》在金庸的作品中，流傳最廣，最易為讀者接受，也在於這一點。其中的「東邪西毒南帝北丐中神通」，有傳統武俠小說的影子，但也成了無數武俠小說競相仿效的寫法。

其實老實說，我是不太欣賞得來武俠小說的，也許是因為開始接觸武俠時，我的年齡已經太成熟了，成熟到會覺得武俠世界裡的人物怎麼都有些幼稚，包括他們的行事為人，包括他們的說話方式，而且會納悶於那些武林中人的功夫怎麼如此的忽強忽弱，有時擁有蓋世武功卻不敵一個初出茅廬的小子，只因為這小子曾經高人指點或灌頂，功力突飛猛進，因而打敗一方盟主，也許是我太理性、想得太多了，才無法化入神乎其技的武俠世界吧！

此外，武林中人說話似乎也有些不太尋常，不是像繞口令般的在打禪，就是文謅謅的充滿人生哲理，這都令我好生困惑。我記得年輕時，曾和一位好朋友去看此生第一部的武俠電影，是古龍小說改編的《三少爺的劍》，整部電影便充斥著饒富禪意及人生哲理的對話，它的目的應該是發人深省的，卻讓我從頭不可遏的爆笑到最後，這番行徑除了使得同行的友人幾乎要和我翻臉，且讓我更深信自己一點「武俠」細胞也沒有。

還好後來李安的《臥虎藏龍》讓我對中國武俠有了不一樣的見識，所以應該說，不是武俠小說有甚麼問題，而是寫武俠的人良莠不齊，不能一概而論。

說到武俠經典自然該首推金庸，記得年輕時，金庸這名字還是個禁忌，臺灣當時並未發行他的著作，那時看的是友人偷渡進來的版本，應該是《神鵰俠侶》吧！也許是因為友人視若珍寶且過於推崇，所以老實說，我看後是有些失望的，總覺得其中人物也好，情節也好，怎麼都有些像在玩扮家家酒的不太真實，不知是小龍女本就不食人間煙火，還是我又犯了太實事求是的毛病，總之第一回合我是敗下陣來了，後來是一直看到了《書劍恩仇錄》及《射鵰英雄傳》，我才開始和武俠產生了些許的「化學變化」（套用金庸的話）。

看金庸的武俠也有些像章回小說般的，依人所好、各取所需，有人喜歡他描繪的武俠招式，有人愛的是他創造的人物角色，而比較吸引我的是高潮迭起的情節發展，無論是何者，金庸的武俠小說總能令人不忍釋卷，也是培養閱讀習慣很好的入門教材。

除此，武俠小說類似說書的書寫方式，對寫作能力的提升也有很大的貢獻，因此高年級的孩子在寒暑假時，不妨挑選一二套自己感興趣的金庸作品，好好看它個晨昏顛倒吧！